MÉMOIRE
JUSTIFICATIF

De Louis **GERBOIN**, Membre du Directoire du District d'Amboise, & Président du ci-devant Comité Révolutionnaire établi dans cette Commune ;

Adressé à ses Concitoyens et aux vrais Amis de la Liberté.

Dans mes fonctions publiques, j'ai parlé & agi constamment en homme libre, en ami de la Révolution Je ne cesse point de l'être, quoique dans les fers : & je saurai faire entendre encore la voix de la vérité.

A

Je saurai dévoiler l'intrigue & la cabale dont je suis la victime. Je démasquerai les traîtres ; je dénoncerai les calomniateurs ; je ferai connoître la foule de modérés & d'aristocrates qui dominent insolemment dans la commune d'Amboise : & puissé-je y préserver la liberté des périls qui la menacent !

Je parlerai, dans ce mémoire, sur-tout en faveur de la chose publique. Cependant je ferai voir la nullité des causes de ma détention. Je mettrai au jour mes principes & ma conduite administrative : & l'on verra si j'ai à me reprocher des crimes.

Le Comité de Surveillance de ma Section a donné pour motifs de mon arrestation ; 1°. » de n'avoir qu'un » masque de patriotisme affecté, & qui annonce l'ambition » de dominer ; 2°. d'être du nombre de quelques malveil- » lans qui depuis six mois se sont lancés pour exciter » des troubles ; 3°. d'avoir été à Saumur pour demander » la suppression d'une Société Populaire, en disant qu'il » y avoit beaucoup d'aristocrates à Amboise, qui étoient » membres de cette Société, & de l'avoir fait en effet » supprimer, à mon retour, par l'Administration du » District ; ce qui occasionna, de la part de la majorité » des Citoyens, des murmures qui tendoient à exciter » un soulevement ; 4°. Enfin d'avoir attaqué, dans la » Société Populaire, les Autorités constituées de cette » Commune, à l'occasion de l'incarcération d'un Citoyen » suspect. »

Je réponds à toutes ces inculpations.

On m'accuse donc, premièrement de n'avoir que le masque du patriotisme, avec l'ambition de dominer, moi qui appelé au Conseil du District, par le vœu bien prononcé de mes Concitoyens, me suis constamment appliqué à en remplir tous les devoirs.

Placé, deux mois après, dans le Directoire du District, par la démission d'un de ses membres, j'ai signalé mon zele & mon amour pour la Révolution. J'ai proposé plusieurs mesures utiles & sur-tout l'établissement d'un Comité de Sûreté Générale, dont j'ai suivi les opérations avec la plus grande exactitude. J'ai encouragé les dénon‧ciations. J'ai détrompé le peuple sur les insinuations perfides par lesquelles on cherchoit à l'égarer sur cet objet. Jai, en un mot, travaillé avec succès à la formation de l'esprit public.

Après avoir défendu avec chaleur, dans le public, l'insurrection du 31 mai, j'appuiai fortement, au District, l'adhésion proposée par mon frere à cette heureuse Insurrection; & l'adresse fut votée par l'Administration dès le lendemain que cet événement fut notifié dans cette Commune.

Animé de l'esprit des Jacobins, comme eux, je jugeai Lafayette, Capet & les Brissotins, Je pleurai avec eux, la mort des Martyrs de la Liberté; & je m'empressai de jetter des fleurs sur leur tombeau.

A 2.

Ennemi du fanatisme & de l'hypocrisie sacerdota'e, je demandai, dans la Société Populaire, qu'à la suite d'une adresse tendante à ce que les prêtres ne fussent plus salariés par la Nation, ceux d'entr'eux qui reprendroient leurs fonctions, après les avoir abdiquées, fussent regardés comme suspects.

La guerre de la Vendée allarmoit tous les bons patriotes. Je pensai que l'exemple d'un Administrateur, qui accompagneroit ses Concitoyens, pourroit être utile, sous plus d'un rapport. Je m'enrôlai pour marcher contre les brigands; mais l'Administration dont j'étois membre, s'opposa à mon départ, en reconnoissant (ce sont les propres termes de la délibération, elle est du 4 mai dernier, *vieux style*). *Que mon civisme et mes lumieres m'avoient rendu utile et intéressant à cette Administration.*

Concentré dans l'Administration, mon zele ne perdit rien de sa ferveur. J'ai provoqué, il y a plus de quatre mois, qu'oiqu'elle n'ait eu lieu que depuis quelques décades, la réunion des Citoyens de la premiere réquisition au chef-lieu de ce Dist ict. J'ai pressé vivement l'exécution de la loi contre les accaparements : & l'on ne peut me faire un reproche, si celle non moins importante du *Maximum*, n'est pas exécutée.

Depuis que les affaires de l'Administration se sont multipliées, on m'a vu plus que jamais attaché à mon poste, le quitter à peine pour prendre ma nourriture &

tenir pendant trois mois une permanence de nuit, à laquelle presque tous les autres Administrateurs avoient renoncé.

Je me serois dispensé de faire ici mon apologie, si le Comité de Surveillance n'avoit, dans les motifs de mon arrestation, répandu des doutes sur la sincérité de mon patriotisme.

Il m'accuse, en second lieu, de m'être lié avec des malveillans pour exciter des troubles. Aucun trouble n'a existé dans cette Commune. J'ai combattu avec force l'égoïsme, le modérantisme, l'aristocratie sous toutes ses formes. Apparemment, voilà ce qu'on appelle vouloir exciter des troubles!

Il me reproche, en troisieme lieu, d'avoir été à Saumur pour demander la suppression de la premiere société populaire, & de l'avoir fait en effet supprimer, à mon retour, par l'administration du District.

Je dois rendre compte des faits qui peuvent avoir donné lieu à cette inculpation.

J'ai été député à Saumur, dans le courant du mois Brumaire, par la seconde société dite des Sans-culotes Républicains d'Amboise, avec Bourlet, Bourguille, & Plantin fils, pour concourir avec les autres sociétés po-pulaires à des mesures relatives à la guerre de la Vendée.

Nous y vîmes RICHARD, Représentant du peuple. Son zele le porta à s'informer de la situation politique d'Amboise. Nous lui apprîmes qu'il y existoit deux sociétés populaires, l'une composée de ci-devant juges, avocats, procureurs, de riches marchands, de ci-devant nobles, de prêtres, &c, qui s'étoit montrée indifférente pour la révolution, qui n'avoit ni adhéré à ll'nsurrection du 31 mai, ni applaudi à la mort du tyran ; qui d'ailleurs avoit peu correspondu avec la société des Jacobins; & qui enfin tenoit des séances si peu fréquentes, qu'elle avoit laissé passer plusieurs mois sans se réunir. L'autre société composée de quelques administrateurs, d'ouvriers & artisans patriotes, & en un mot de ce qu'on pouvoit appeler la masse du peuple. Elle s'étoit formée des hommes courageux qui s'étant séparés de la premiere société, professerent des principes plus purs & plus révolutionnaires, & mériterent, par une exception flatteuse, l'affiliation des Jacobins. Ils s'étoient empressés q'adhérer solemnellement à l'insurrection du trente-un mai, réunis à des Commissaires de presque toutes les Municipalités du District d'Amboise. Ce nouveau Club, a ainsi obtenu, plus d'une fois, des marques de confiance de la Convention Nationale.

» Il ne peut exister deux Sociétés Populaires à » Amboise, dit alors RICHARD : je ne connois que celle des Sans-Culotes, & je vais supprimer l'ancienne » qui me paroît ne pas comprendre la masse du » Peuple. «

Ce ne sont donc pas les Députés d'Amboise qui ont demandé la suppression de cette ancienne Société : c'est le Représentant qui l'a prononcée de son propre mouvement, & qui à chargé l'Administration du District de l'exécution de son arrêté. Cette suppression n'a pu occasionner des murmures que de la part des aristocrates & des modérés qu'elle receloit dans son sein. Tous les bons citoyens se sont empressés de se réunir au Club des Sans - culotes, dont ils connoissoient le pur républicanisme ; & tous ceux de la Société supprimée, dont le patriotisme n'étoit point douteux, ont été accueillis avec transport.

Quatriemement enfin, le Comité de Surveillance m'accuse d'avoir attaqué, dans le Club des Sans-culotes , les autorités Constituées, lors de l'incarcération d'un citoyen suspect.

Ce Comité entend parler ici de son autorité , & de la détention du citoyen Bourlet, qui cependant avoit été arrêté *provisoirement* & non comme suspect.

Je savois que penser de cette arrestation, fondée sur un propos indiscret qui n'étoit sûrement pas un crime dans l'intention du détenu. Mais, je ne m'en suis point expliqué dans la Société Populaire, & je défie qu'on m'en ait entendu parler en aucune maniere. Des patriotes estimables m'ont assez reproché mon silence à ce sujet.

Ainsi, les faits qui me sont imputés, sont ou faux

ou dénaturés. Mais je dois dire, que le reproche vague que l'on me fait, d'avoir voulu exciter des troubles, tient à un systême d'intrigue & de calomnie qu'il s'agit maintenant de dévoiler.

Les aristocrates, qu'avoit fait murmurer la suppression de l'ancien Club, & que la nouvelle société avoit refusé d'admettre, se déchaînerent encore avec plus de violence contre l'établissement & les opérations d'un Comité Révolutionnaire crée par RICHARD, sur le rapport fait à ce Représentant, que les Comités de Surveillance d'Amboise, établis depuis plus de deux mois, ne prenoient connoissance d'aucuns délits contre-révolutionnaires, quoique dénoncés au Comité de Sûreté du District, dont ils avoient négligé de se faire remettre les registres.

Aussitôt sa création, le Comité Révolutionnaire fit d'abord justice de plusieurs ci-devant nobles, parens d'émigrés. Il mit aussi en état d'arrestation quelques autres personnes suspectes, enfin des fonctionnaires publics, ou prévaricateurs dans leurs fonctions, ou prévenus de faits graves d'incivisme.

Ces mesures de vigueur commandées par la loi, susciterent à ce Comité un très-grand nombre d'ennemis, surtout les membres du Conseil-Général de la Commune, & ceux des Comités de Surveillance, dont les proches parens se trouvoient incarcérés.

Avant de connoître les motifs d'arrestation que le Comité Révolutionnaire avoit refusé de leur communiquer

ces

ces trois corps concerterent les moyens d'élargir leurs parens détenus ; & malgré l'esprit de la loi , ils se réunirent plusieurs fois pour cet objet. Les extraits des délibérations qui constatent cette réunion, sont déposés dans les archives du District ; & l'administration prit un arrêté portant dénonciation de cette réunion illégale.

Je ne peux m'empêcher d'observer ici que les motifs projettés de mon arrestation avoient été rédigés dans un de ces Conciliabules, & que deux décades avant ma détention, des membres du Conseil-Général de la Commune, furent députés pour réclamer, auprès de la Convention, la liberté des détenus , & en même temps pour me dénoncer aux Comités de salut public & de sûrété générale.

Ils crurent pouvoir parvenir à l'élargissement des prévenus, à la faveur du décret du 17 frimaire, qui attribue aux Représentans du peuple dans les Départements , la connoissance de la validité des motifs de la détention des personnes arrêtées par mesure de sûreté : quoique ces prévenus fussent *littéralement* compris dans la loi du 17 septembre , ainsi qu'il est aisé de s'en convaincre par la *liste* portée à la suite du présent Mémoire. Les faits à leur charge , furent tellement atténués, ou exposés peut-être à GUIMBERTEAU d'une manière si infidelle, que ce Représentant a dû être trompé, lorsqu'il a prononcé leur élargissement. Sa religion a pu

aussi être surprise par les signatures nombreuses, men‑
diées en faveur des plus coupables & des certificats de
civisme accordés par le conseil-général de la Commune,
& même par l'administration du District ; auxquels
certificats je me fais gloire de n'avoir pris aucune
part.

Toutes ces manœuvres auroient pu être déjouées par
la société populaire des Sans‑culotes Républicains,
composée d'un assez grand nombre de patriotes fermes,
& de la portion du peuple la plus vertueuse, la moins
facile à corrompre, celle des ouvriers & des artisans.
Aussi la calomnie, les sarcasmes, la violence même,
tout fut employé pour en provoquer la dissolution. On
la représenta comme un foyer de discorde, comme étant
uniquement occupée de dénonciations vagues, qui
n'avoient pour but que d'inquiéter les autorités cons‑
tituées. On affecta surtout de dire qu'elle étoit influen‑
cée par quelques intrigans.

Cette derniere inculpation semble avoir motivé la
réorganisation de cette société, par un arrêté de GUIM-
BERTEAU, du 8 Nivose. Sans doute, c'est contre l'intention
du Représentant, que le noyau formé en grande partie
hors du sein de cette société, y a introduit tous les
hommes suspects qui venoient d'être élargis & qui y
furent reçus avec de vifs applaudissements ; tous les
riches, tous les agents seigneuriaux, les praticiens, en
un mot tous ceux qui composoient l'ancien Club‑sup‑

primé par RICHARD. Un moindre nombre de patriotes y a été admis avec beaucoup de difficulté.

Un système de terreur avoit devancé toutes ces mesures. On avoit d'abord incarcéré quatre des meilleurs Sans-culottes, parmi lesquels je fus compris. Ensuite onze autres, presque tous peres de famille, non moins zélés pour la cause du patriotisme : Cornet, perruquier ; Cantié pere & fils, menuisiers ; Desmée-Gitton, fabricant ; Fortin, perruquier ; Lusseau-Bourgeois, marchand ; Morand, menuisier ; Tourlet, cultivateur ; Vincent, chirurgien ; Jossin, charpentier ; Ligneau vinaigrier, furent arrêtés, sous prétexte qu'ils avoient signé une adresse en faveur des quatre premiers détenus. On répandoit avec affectation le bruit de l'incarcération prochaine de tous les signataires. * On les pressoit de se rétracter, & on faisoit un crime à tous d'avoir fait entendre dans l'adresse qu'il y avoit dans cette Commune des aristocrates & des modérés. On interdit dans la suite à ceux qui venoient d'être élargis, toute voix délibérative dans la Société, où siégeoient, avec tous les droits, des hommes suspects, élargis quelques jours avant eux, & reçus avec joie, le jour même de leur élargissement.

Pour consolider toutes ces opérations, la nouvelle Société chargée par le Représentant de procéder à l'épuration de l'administration du District, a d'abord jugé digne d'être conservé dans ses fonctions l'Agent National, dénoncé dans la Société, avant sa réorganisation, pour

---

* On ne veut pas que l'on dise qu'il y a dans la Commune d'Amboise des aristocrates & des modérés ! & cependant on s'est appitoyé sur la mort du tyran, & déchaîné contre la Convention Nationale qui avoit proscrit sa tête. On a désiré les brigands de la Vendée, & approuvé la trahison de Dumourier qui vouloit nous redonner un roi. Dans une noce, plusieurs muscadins ont chanté, malgré l'opposition d'un Administrateur, la chanson abominable : *o Richard, o mon Roi. &c.* A la fête du 10 août dernier, on a gravé sur des pierres & sur des bancs, les inscriptions infames *de vive Louis XVI*, *au Diable la République !* enfin le jour de la fête destiné à célébrer la prise de l'infame Toulon, on a entendu crier à plusieurs réprises, *à bas les bonnets rouges !* & l'on a des preuves d'un projet formé d'abattre l'Arbre Sacré de la Liberté.

avoir mis, dans un écrit signé de lui & dont la transcription sur les registres de cette même Société a été arrêtée, des réserves à l'adhésion du District d'Amboise à l'insurrection du 31 mai. Ensuite, pour soustraire aux dangers d'une destitution plusieurs Administrateurs coupables & dénoncés, mais qui avoient marqué de la connivence avec les ennemis des patriotes détenus, elle a reçu leur démission,

Je n'ai point offert la mienne. Je veux qu'une autorité supérieure décide mon sort. Cependant, contre la disposition des loix & contre le sentiment de l'humanité, on s'est permis, au sein même de cette Société, de vomir contre moi détenu, les invectives les plus atroces, de demander *ma tête pour jouer à la boule.*

Eh! Quels sont donc mes crimes? Il faut l'avouer, la calomnie peu satisfaite des motifs d'arrestation mis en avant par le Comité de Surveillance, s'est plue à en forger de nouveaux, dans ma conduite, soit publique, soit privée,

Je suis franc & sincere. Ma vie ne fut pas toujours exempte d'erreurs & même de fautes. J'en ai été puni, &, ce qui est plus utile, j'ai su les reconnoître & les réparer, en me consacrant tout entier à la chose publique.

On m'accuse aussi de m'être présenté à l'Administration dans un état d'ivresse. Y ai-je fait des motions extravagantes & contraires aux loix ? Y ai-je commis quelqu'acte de violence ? Quelquefois j'ai défendu avec chaleur mon opinion. Mais ne m'a-t-il pas fallu souvent montrer de la roideur, de l'opiniâtreté même, pour écarter des propositions insidieuses, ou pour appeler l'attention des Administrateurs sur les arrêtés d'une Municipalité qui montroit trop d'indifférence pour l'exécution des loix révolutionnaires, & qui résistoit même à l'autorité du District ; ou pour décider l'Administration elle-même à poursuivre des délits graves, même dans quelques-uns de ses membres ? Ceux qui m'accusent de quelque foiblesse, ont-ils senti, comme moi, cette énergie brûlante qui ne se trouva jamais dans des ames glacées par l'égoïsme ?

J'apprends aussi que l'Administration elle même m'accuse d'avoir influencé, forcé même ses délibérations, *le pistolet sur la gorge* ; qu'elle s'est, dit-on, servie de ce prétexte pour désavouer plusieurs dénonçiations qu'elle prétend lui avoir été arrachées par la violence.

Je réponds en deux mots à cette inculpation aussi absurde que calomnieuse. Les arrêtés que j'ai forcé l'Administration à prendre, étoient ou conformes ou contraires aux loix. S'ils remplissoient le vœu de la loi, on ne peut me faire un crime de les avoir dictés, & je mérite le témoignage qu'elle m'a rendu d'avoir contribué plus que personne à la formation de l'esprit public. Je ne dois pas taire ici qu'après ma détention, un de ces administrateurs, *Foucher,* qui s'est beaucoup plaint

de mon influence, & qui m'a même horriblement ca-
lomnié, n'a pu s'empêcher de dire, dans la salle du Directoire, en présence de plusieurs citoyens, & même
ailleurs : « Qu'il étoit beau de souffrir ainsi pour la
» cause de la liberté , que je triompherois de mesennemis
» & qu'il voudroit être à ma place.

Mais si ces arrêtés sont contraires aux loix, qu'ils osent
donc les citer ; qu'ils révelent leur turpitude, & qu'ils s'a-
vouent des fonctionnaires prévaricateurs.

Ils ont en effet, sous prétexte d'avoir été influencés,
rétracté des dénonciations contre le Conseil Géneral de
cette Commune & contre le Département. Mais ce dé-
saveu honteux que j'ai dénoncé moi-même au Comité
de Surveillance, n'est en eux qu'une marque de foiblesse
ou de perfidie.
La fable du pistolet vient sans doute de ce qu'une
fois, dans une rixe particuliére avec un Administrateur,
dont quelques propos injurieux m'avoient révolté, je
lui proposai de sortir avec moi pour vuider ce différend
par le pistolet.

Mais on dit en outre, que j'ai forcé certaines personnes à faire des déclarations qu'elles ont depuis rétrac-
tées. Ce petit manege ne fera pas toujours fortune. Il
a réussi, auprès du Département, à l'égard d'un Commandant de la garde nationale de cette Commune. Mais
un fait nouvellement découvert & consigné dans

les registres du comité de surveillance, achévera de déceler l'imposture. Je présume que l'administration qui m'a déjà rendu justice, à l'égard de ce dernier fait, me la rendra aussi pour les autres. Peut-être enfin me sera-t-il permis un jour de confondre ces vils calomniateurs, à qui ma détention donne le courage de la lâcheté?

Le dernier fait qu'on me reproche, est d'avoir signé au Comité Révolutionnaire d'Amboise, un passe-port pour Sénard. Je l'ai signé, en effet, comme président de ce comité, & de l'agrément de plusieurs membres qui s'y trouvoient, & qui le firent signer au secrétaire. Ce passe-port n'a été visé du Comité, que pour que ledit Sénard, se rendît auprès de la Convention Nationale ; au reste, les membres de ce Comité, n'ayant jamais été en correspondance avec ce citoyen, on ne peut les soupçonner d'avoir voulu le favoriser.

J'ai tâché, dans ce mémoire, de répondre à toutes les calomnies dirigées contre moi ; & je crois m'être justifié aux yeux de mes concitoyens, & de tout lecteur impartial.

J'ai vengé mon honneur outragé. Fort de ma conscience & de mes principes énergiques, je braverai l'injuste fureur de mes ennemis. Que m'importe de mourir, pourvu que je meure innocent, & que j'aye vécu pour ma patrie.

A la citadelle d'Amboise, ce 13 pluviose, seconde année républicaine.

> GERBOIN aîné, *Administrateur,*
> *du Directoire du District, et*
> *Président du ci-devant Comité*
> *Révolutionnaire d'Amboise.*

LISTE

Des personnes déclarées *suspectes* par
le ci-devant Comité révolutionnaire
d'Amboise, avec les motifs de leurs
arrestations.

Et qui ont été élargis par le Représentant du Peuple GUIMBERTEAU.

Guertin, (1) ci-devant Procureur & Notaire,
& actuellement Juge :

Prévenu de propos & d'intentions contre-révolutionnaires. Il dit, lors de la prise de Saumur par les
Brigands de la Vendée, que, *s'ils venoient à Bléré, lieu*
de sa résidence, *il iroit au devant d'eux et les feroit boire,*
et qu'il leur désigneroit encore dix à douze maisons à piller.

____

(1) Il a plusieurs parens dans les Comités de surveillance
d'Amboise.

C

Ce fait est prouvé par une information faite devant le Juge de paix de Bléré.

GUERTIN est encore prévenu d'avoir intrigué & cabalé dans une assemblée du Club & du Peuple d'Amboise, tenue à Saint-Florentin, il y a environ trois mois, & qui avoit pour objet l'épuration des Autorités constituées. Il rôdoit autour de l'assemblée, & disoit à des Citoyens, *dites donc oui, dites donc non,* (selon les cas) : *c'est pour votre bien, tout est perdu, si vous ne le dites pas.*

L'incivisme de Guertin est attesté par un grand nombre de Citoyens de Bléré, dans des protestations faites devant Notaires, ou devant le Comité révolutionnaire d'Amboise, contre des signatures qui leur avoient été surprises en faveur de ces individus.

Il y a encore plusieurs autres faits graves sur son compte.

CARREAU-BOULLET, (1) riche marchand & Commandant de la Garde nationale :

Prévenu d'avoir prévariqué dans ses fonctions, en ce qu'étant chargé de l'exécution d'un mandat d'arrêt

----

(1) Il a son pere, son beau-pere & un oncle dans les Comités de surveillance d'Amboise.

décerné contre la fille Michelin, accusée d'avoir tenu des propos contre - révolutionnaires., il la fit avertir de s'évader :

Prévenu d'avoir semblé vouloir empêcher les Citoyens d'aller au secours de la Patrie dans la Vendée, en disant d'un Citoyen marié de cette Commune qui y étoit resté après les autres, *qu'il faisoit bon être patriote, mais pas si chaud Patriote, et qu'il s'en mordroit les ongles :*

Prévenu d'avoir fort regretté la mort du Tyran & de s'être déchaîné à ce sujet contre la Convention nationale, en disant dans un café : *qu'ils viennent les sacrés gueux, que je prenne les armes pour eux !*

Prévenu d'avoir préféré de rester à jouer dans un caffé, plutôt que de se rendre à l'assemblée de sa section pour y accepter la Constitution :

Il y a encore d'autres faits & un grand nombre de déclarations sur le compte de cet individu.

D u p r é - G i l l e t, (1) riche marchand & Président de l'un des Comités de surveillance d'Amboise :

Il s'étoit fait une habitude de répandre avec plaisir les mauvaises nouvelles, & il paroissoit fâché des bonnes :

---

(1) Il a plusieurs parens dans les Comités de surveillance d'Amboise.

3.ᵉ fait = Il est prévenu d'avoir dit que, *c'étoit grand dommage d'avoir fait mourir le Roi, qu'il étoit un honnête homme.*

4.ᵉ fait = Prévenu encore d'avoir dit, dans un temps où Paris étoit menacé par les armées ennemies, que *si elles y arrivoient, il s'agiroit de mettre bas les armes, et que tout seroit fini.*

= 1.ᵉʳ fait BESSONNEAU, (1) riche fabricant & officier de la Garde nationale :

2.ᵉ fait Prévenu d'avoir regretté la mort du Tyran & d'avoir tenu des propos à ce sujet dans un café :

3.ᵉ fait D'avoir chanté depuis, dans une noce, avec affectation & malgré la vive opposition d'un Administrateur, la chanson abominable, *ô Richard, ô mon Roi.*

4.ᵉ fait D'avoir menacé, dans un café, de rosser avec un gourdin qu'il montroit, *ceux qui le dénonceroient.*

1.ᵉʳ fait DAMBOISE, de la commune de Saint-Denis-Hors.

3.ᵉ fait Il étoit ci-devant Noble & ci-devant Chevalier de Saint-Louis :

2.ᵉ fait Il n'a point remis sa croix, dite de Saint-Louis.

---

(1) Il a son pere dans le Comité de surveillance de sa section.

Il est prévenu d'avoir, étant Commandant de la Garde nationale de sa Commune, préféré de quitter sa place de Commandant, plutôt que de prendre l'uniforme national.

D'autres faits encore plus graves sont consignés dans les registres, & ont été déclarés sur son compte dans une assemblée du Club & du Peuple d'Amboise : & son arrestation y a été unanimement approuvée.

Veuve Allen : elle étoit ci-devant noble : elle est veuve d'un Anglais, noble aussi : elle est mere d'un émigré, & sœur du traître Behague :

Il est venu chez sa sœur à peu près dans le tems de la révolution. Il avoit mis chez elle une jeune personne au sort de laquelle il s'interessoit : cette personne y a resté pendant un grand nombre d'années, & n'en est sortie que depuis peu.

Au reste, cette veuve & même sa maison, étoit notée pour aristocrate dans l'opinion publique.

Veuve Bridieu : (1) elle étoit ci-devant marquise : elle est mere de trois émigrés, & prévenue d'avoir forcé l'un d'eux à s'émigrer :

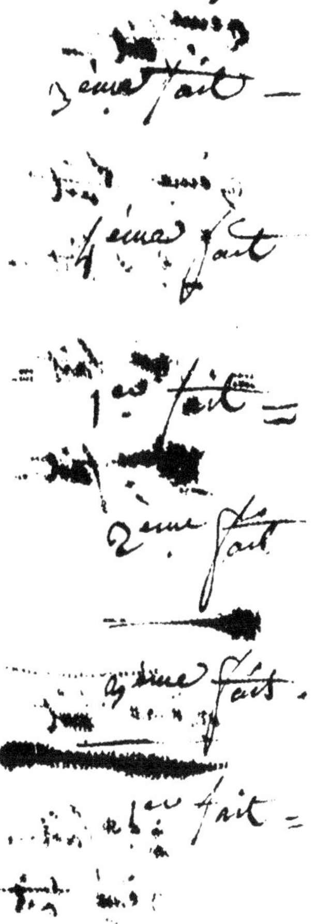

---

(1) Elle est sortie de la citadelle : mais on ne sait pas si elle est parfaitement libre.

D'avoir entretenu une correspondance avec deux de ses fils :

D'avoir soustrait les titres de propriété de ses biens :

Il a été saisi ou intercepté sur elle des papiers & des lettres suspectes, & qui ont été envoyés au comité de sûreté générale de la Convention.

LEGENDRE pere, notaire & agent des affaires de la veuve Bridieu :

Prévenu d'avoir voulu empêcher l'exécution des loix portées contre les parens des émigrés, en disant aux fermiers de la veuve Bridieu, qu'ils ne devoient point payer le prix de leurs fermages entre les mains du percepteur des domaines nationaux, & en les recevant en qualité d'agent. Il a été déposé au ci-devant comité révolutionnaire une quittance de Legendre, qui atteste son délit.

On trouvera encore sur les registres de ce comité & de celui de sûreté générale, un grand nombre de déclarations relatives à cet objet.

LEGENDRE, fils du précedent, Juge de paix :

Prévenu d'avoir manifesté des sentimens royalistes, en disant, à l'occasion de troubles qui existoient dans la République, *que cela venoit de ce que nous n'avions plus de roi, et que nous ne serions jamais heureux, tant que nous n'aurions pas un roi.*

Il y a encore d'autres faits sur le compte de Legendre, qui sont consignés dans lesdits reg'stres.

DUNOYER, Graveur :

Prévenu d'avoir dit hautement, dans l'Assemblée primaire de sa section, tenue il y a environ dix‑huit mois, qu'il seroit fort à propos que l'Assemblée nationale fût éloignée de quarante lieues de Paris; ce qui le fit chasser de cette Assemblée;

Prévenu encore d'avoir dit en parlant de l'affaire du dix août, *qu'il ne pouvoit croire que ce fût les Suisses qui eussent attaqué le Peuple;* que c'étoit une troupe trop bien gouvernée, trop bien disciplinée, *et que si le Peuple n'avoit pas attaqué les Suisses, ils n'auroient pas tiré sur lui.*

CORMIER, (1) Maire d'Amboise :

Prévenu d'avoir assisté à des *conciliabules,* où s'assembloient des aristocrates, *où l'on se réjouissoit des malheurs de la patrie.*

Prévenu de n'avoir pas fait arrêter un militaire qui tenoit les propos les plus contre-révolutionnaires, quoiqu'il y fût fortement invité par plusieurs citoyens, & qu'il lui fût possible de le faire.

---

(1) Riche propriétaire, ci‑devant Lieutenant des Eaux & Forets, Juge de la Justice d'Amboise, & en même‑temps Bailli de plusieurs autres, enfin ci-devant Juge du Tribunal de ce District.

Prévenu de n'avoir pas fait arrêter une personne par qui il entendit, en passant dans une rue, débiter les nouvelles les plus alarmantes (1) & évidemment fausses, au sujet de la garnison de Mayence & de la guerre de la Vendée ;

Prévenu d'avoir contrarié l'ordre donné par l'Administration du District, au gardien d'une des maisons d'arrêt d'Amboise, de ne laisser voir personne à des contre-révolutionnaires qui y étoient détenus, sans une permission de l'Administration, en disant à ce gardien : *Le District vous a défendu de laisser voir personne à ces citoyens-là, et moi je vous ordonne de leur laisser voir tout le monde.*

Cormier a été mandé & entendu au District sur ces deux derniers faits ;

Il est d'ailleurs chef d'une Municipalité dont on verra la conduite tracée à la suite de la présente liste.

DÉCLARATION

Sur l'Administration du District d'Amboise,

et sur plusieurs de ses membres.

PREMIER FAIT.

HURTAULT, membre du Directoire, fut nommé commissaire pour apposer le scellé sur les papiers du nommé

---

(1) Cela occasionna l'envoi d'un courrier, de la part du District auprès du Département.

(25)

Cormery de Lusillé, & pour en faire la levée, en y appelant deux Officiers Municipaux de l'endroit. Il remplit cette formalité pour la premiere opération, mais non pour la seconde. Au contraire, il se renferma avec la femme Cormery dans sa chambre, où on les vit boire & manger ensemble. (1)

Cormery avoit été dénoncé pour des propos contre-révolutionnaires, & deux citoyens de Lusillé, nommés Poussin & Lecuré, l'avoient encore accusé d'avoir tenu une correspondance secrete avec un Anglais dont ils disoient avoir vu les lettres. Ces deux citoyens s'étant plaints de la conduite du Commissaire du District, & soupçonnant que les lettres en question avoient été remises à la femme Cormery, lors de la levée du scellé, je demandai que la conduite de l'administration fût éclaircie, & que le délit, s'il existoit, fût poursuivi. Le Directoire n'eut point égard à mes demandes réitérées, & je me crus obligé de faire une déclaration par écrit à ce sujet, mais qui n'eut pas un meilleur succès.

Cet Administrateur étoit si peu attaché à ses fonctions, qu'il a fallu un arrété pour lui faire un devoir de se rendre à son poste.

---

(1) Ce fait est public dans Lusillé.

D

I Iᵉ. Fait.

BLERÉ, membre du Conseil, fut chargé d'une certaine opération qui étoit à faire dans la maison de Chanteloup. (*) Il fut reçu & nourri sans intérêt, ainsi qu'un commis du District qui l'accompagnoit, chez des personnes de leur connoissance. C'est un fait prouvé par plusieurs déclarations reçues au District. Cependant Bleré s'est fait payer par l'administration une somme de 60 livres, pour la nourriture de lui & du commis.

Je voulus un jour dénoncer ce fait de nouveau à l'Administration, en présence de Marigni, délégué du Représentant du Peuple ; on murmura, on me fit taire, on dit que j'étois ivre.

Ce même Administrateur étoit au District, le jour qu'il y fut question de l'insurrection du 31 mai. Une longue discussion s'étant engagée à ce sujet, il parla de s'en aller. Je lui représentai qu'il s'agissoit d'un objet de la plus grande importance, & dont dépendoit peut-être le sort de la République, & je l'engageai à rester. Mais je ne pus l'intéresser à cet objet, il s'en alla & ne signa point l'adresse d'adhésion qui fut votée dans cette séance.

I I Iᵉ. Fait.

A l'époque de mon arrestation, plusieurs arrêtés pris par l'Administration, n'étoient point portés sur les registres. Il s'y trouvoit des lacunes considérables, dont on ne connoissoit point la cause. Des membres du Conseil ont signé des délibérations auxquelles il n'avoient point assisté.

Souvent je me suis plaint de la négligence coupable du secrétaire; jai demandé qu'il fût remplacé par un autre plus actif & moins suspect. Les Administrateurs ont voulu le conserver par une pure complaisance, à laquelle ils sacrifioient l'intérêt public.

I V^e. F a i t.

H A R E N, Procureur – Syndic, ci-devant Procureur fiscal & agent des biens de Penthiévre, en même temps que Procureur – Syndic, parut contrarier l'adhésion du District à l'insurrection du 31 mai : & lorsqu'on fit lecture de l'adresse, il voulut y insérer des réserves, dont l'Administration refusa de souiller cette adresse; elle aima mieux ne faire aucune mention du Procureur-Syndic. Celui-ci remit ensuite au district un écrit dont voici la teneur :

» Je déclare n'adhérer à l'insurrection du 31 mai &
» jours suivants, qu'en ce qui concerne les objets sanc-
» tionnés par la Représentation Nationale. Je déclare
» également n'adhérer aux suites de cette insurrection,
» qu'autant qu'elles ne porteront aucune atteinte aux
» droits sacrés de la liberté & de l'égalité, qui sont
» les bases de notre sainte Constitution.

Vᵉ. FAIT.

FOUCHER, vice-président, a brigué sa place d'Administrateur, ainsi qu'il a été obligé d'en convenir
plusieurs fois honteusement, dans le sein même de
l'Administration.

VIᵉ. FAIT.

Peut-être dix arrêtés du Directoire, & des exprès
envoyés nombre de fois auprès des membres du Conseil
qui ne résident pas à Amboise, attestent leur négligence
à se rendre à leur poste.

C'étoient les membres du Conseil avec ceux du Directoire, qui devoient tenir le Comité de Sûreté Générale, établi près le District, & l'on verra par l'examen
des registres, s'ils se sont occupés de cet objet si im-
portant. (1)

DÉCLARATION

Sur la Municipalité d'Amboise.

Elle s'est montrée indifférente pour la Révolution, en
ce qu'elle a négligé l'exécution des loix révolutionnaires ;

---

(1) On peut d'autant moins m'accuser de partialité, que j'avois
prévenu les Administrateurs, de l'intention où j'étois de dénoncer tous ces faits au Représentant, chargé d'épurer les
Autorités constituées de cette Commune.

1°. De celle qui porte que le Magistrat sera tenu de lire, un jour par semaine , au peuple, les écrits dont la Convention Nationale aura ordonné l'impression & l'envoi aux départements.

2°. De celle qui prescrit aux Municipalités de faire exactement des visites dans les auberges ; & de veiller à la tenue des registres que les aubergistes sont tenus d'avoir, pour y inscrire les noms des voyageurs.

3°. De celle qui veut que les soldats , volontaires, qui auront quitté leurs drapeaux avec ou sans congé, soient arrêtés & reconduits à leurs bataillons.

4°. De celle contre les accaparements.

5°. De celle du *Maximum.*

Cette négligence est constatée par plusieurs arrêtés de l'Administration, par des procès verbaux & des déclarations au Comité de sûreté générale de ce District.

Des faits graves, à la charge de plusieurs membres du conseil général de cette Commune, sont portés sur les registres du même Comité, & sur la liste des gens suspects formée par le Club des Sans-culottes, & envoyée officiellement au ci-devant comité révolutionnaire.

DÉCLARATION

Sur les Comités de surveillance des deux
Sections de la Commune d'Amboise.

Les membres de ces deux Comités sont presque
tous freres, beaux-freres, cousins germains, en un mot
parens entr'eux au dégré prohibé par la loi. Ils sont
presque tous riches marchands, propriétaires, praticiens,
ci-devant regrattiers, &c.

Pendant plus de deux mois après leur établissement, ils
sont restés dans l'inaction la plus coupable, sur la poursuite des délits contre-révolutionnaires dénoncés au comité
de sûreté générale du District, dont ils n'ont pas même
demandé les registres.

Contre l'esprit de la loi, & depuis le décret de la
Convention qui casse un arrêté du conseil-général de
la Commune de Paris, ils se sont réunis plusieurs fois
pour concerter avec le conseil de la Commune d'Amboise, les moyens d'élargir leurs parens mis en état
d'arrestation par le Comité révolutionnaire : et par un
arrêté pris dans une de ses séances, & dont l'administration du District s'est fait remettre une expédition,
deux membres du conseil de la Commune ont été députés pour solliciter auprès de la Convention nationale
l'élargissement de ces détenus, & pour me dénoncer
aux comités de sûreté générale & de salut public.

Ils ont refusé une premiere fois d'entendre deux témoins présens au propos indiscret qui a servi de prétexte à l'incarcération de Bourlet, membre du comité révolutionnaire. Ils ont fait le même réfus, malgré la pétition du détenu renvoyée par l'administration du District, avec ordre d'y faire droit.

Ils n'ont tenu aucun compte d'une démande que j'ai faite par écrit, d'entendre le secrétaire & tous les membres du comité révolutionnaire, sur l'aveu fait, en présence de ces membres, par la sœur de la fille Michelin, du conseil de s'évader donné à cette derniere par Carreau, Commandant de la garde nationale, chargé d'un mandat d'arrêt contr'elle. La fille Mery avoit fait volontairement au District une déclaration en forme du délit de ce Commandant, qu'on peut aisément soupçonner d'avoir extorqué à ladite Mery une contre-déclaration.

Il est bon d'observer que Carreau a depuis été déclaré suspect par le Comité révolutionnaire, pour faits graves d'incivisme, & qu'il a dans les Comités de surveillance, son pere, son beau-pere & un oncle, qui sans doute n'auront pas peu contribué à faire prononcer son élargissement.

Ces Comités ont envoyé avec une force armée quatre commissaires, qui, sans communiquer les ordres dont je leur ai demandé la représentation, ont enlevé tous mes papiers & projets d'adresse ou mémoires tendant à ma justification, qu'ils ont constamment refusé de me rendre.

Enfin ces Comités qui ont lancé, sur les plus légers prétextes, des mandats d'arrêt contre un grand nombre des meilleurs patriotes, négligent la poursuite des délits les plus anti-révolutionnaires.

Je réponds des faits énoncés dans chacune des déclarations ci-dessus ; de la vérité desquelles il sera facile de se convaincre par la compulsion des registres des Comités révolutionnaires & de sûreté générale du District, & de celui de surveillance de la Société Populaire.

Signé, GERBOIN aîné,

Membre du Directoire du District et Président du ci-devant Comité Révolutionnaire d'Amboise.

A la Citadelle d'Amboise, le 14 *pluviose de l'An second de la République une et indivisible.*